Mein Deutschheft

Deutsch als Zweitsprache A

Handreichung für den Unterricht

Ernst Klett Verlag
Stuttgart · Leipzig · Dortmund

Inhalt

Einleitung　3

Hilfen zur Einstufung der Schülerinnen und Schüler

Diagnosebogen　5
Einstufungstests　6

Anmerkungen zu den Kapiteln

Hinweise zum Einsatz der Arbeitshefte in der Gruppe　10
Kapitel 1: Anmerkungen　12
Kapitel 2: Anmerkungen　14
Kapitel 3: Anmerkungen　16
Kapitel 4: Anmerkungen　18
Kapitel 5: Anmerkungen　20
Kapitel 6: Anmerkungen　22
Kapitel 7: Anmerkungen　24
Kapitel 8: Anmerkungen　26

Kopiervorlagen

Kopiervorlagen zu den Kapiteln　28
Wortschatzlisten　37
Operatorenliste　45
Lernstandsübersicht　47
Liste der Hörtexte　48

DaZ-Erwerb

Der Spracherwerb in der Zweitsprache ist von verschiedenen Einflüssen abhängig. So ist der Sprachstand in der Erstsprache von großer Bedeutung: Je differenzierter und gesicherter der Erstspracherwerb ist, desto leichter fällt DaZ-Lernenden der Zweitspracherwerb. Es kommt auch darauf an, zu welchem Zeitpunkt der Eintritt in die neue Umgebungssprache erfolgt ist. Zudem spielen die Bildungsvoraussetzungen in der Familie eine große Rolle. DaZ-Schülerinnen und -Schüler müssen zunächst Grundfertigkeiten in den vier Kompetenzbereichen des Sprachhandelns erlernen. Wie zügig und gut DaZ-Lernende ihre Kompetenz in den unterschiedlichen Bereichen ausbauen können, hängt weniger vom Alter als von der Intensität und der Dauer des Zweitspracherwerbs ab.

DaZ-Unterricht

Der DaZ-Unterricht hat das Ziel, Schülerinnen und Schüler nichtdeutscher Erstsprache baldmöglichst die aktive Teilnahme am Regelklassenunterricht in deutscher Sprache zu ermöglichen. Er erfordert von der Lehrkraft diagnostische und methodisch-didaktische Fachkompetenz sowie Kenntnisse über Spracherwerbsprozesse.*

Doch auch wenn sie schon im Regelunterricht mitarbeiten, haben DaZ-Schülerinnen und -Schüler noch längere Zeit Schwierigkeiten, sich mündlich und schriftlich adäquat auszudrücken; auch das Verstehen anspruchsvoller Texte sowie komplex formulierter Aufgabenstellungen kann noch eine Hürde sein. Kurz: Der Erwerb von Deutsch als Zweitsprache ist mit dem Eintritt in die Regelklasse nicht abgeschlossen, DaZ-Lernende benötigen auch im Regelunterricht noch gezielte Unterstützung und Förderung.

Abgrenzung: DaZ – Inklusive Förderung

Im anspruchsvollen Alltag mit sehr heterogenen Klassen liegt ggf. nah, Lernende mit dem Förderschwerpunkt „Lernen" oder „Sprache" und DaZ-Lernende in einer Gruppe zusammenzufassen. Ein solches Vorgehen ist aber in den meisten Fällen nicht angemessen, da beide Lerner-Gruppen deutliche Unterschiede aufweisen und insofern jeweils anders gefördert und gefordert werden müssen:

DaZ-Lernende	Inklusions-Lernende mit Förderschwerpunkt „Lernen" oder „Sprache"
Profil - Deutsch als Schulsprache ist Zweitsprache. - Die Lernenden haben unzureichende Kenntnis der Schulsprache. - Die Lernenden verwenden die deutsche Sprache auf dem Stand ihres Spracherwerbs, sie verwenden die Lernersprache. - Defizite sind vorerst im Nichtverstehen von Sprache begründet. - Die Fehlerquellen liegen im Spracherwerb.	**Profil** - Die Schulsprache Deutsch ist Erstsprache, Lernende haben Kenntnis der Schulsprache. - Die Lernenden verwenden die Sprache meist altersgerecht, haben jedoch Probleme bei kognitiv anspruchsvollen sprachlichen Tätigkeiten. - Defizite sind in lern- und/oder entwicklungspsychologischen Ursachen begründet. - Die Fehler sind auf Lernschwierigkeiten zurückzuführen.
Unterricht - Systematischer Aufbau zum Erlernen von DaZ - Spracherwerbsorientiert - Fachspezifischer Ansatz - Sprachspezifische Übungstypologie	**Unterricht** - Diagnose und Förderplanung - Sprachprozessorientiert - Lernpsychologischer Ansatz - Auf individuelle Lernschwierigkeiten ausgerichtete Übungstypologie

Lernen in heterogenen Gruppen

Der unterschiedliche Lernstand einzelner Schüler und Schülerinnen einer Klasse ruft nach unterschiedlichen Lernangeboten. Bei DaZ-Schülerinnen und -Schülern besteht die Gefahr, dass sie sich eher Aufgaben des untersten Niveaus zutrauen und damit kaum sprachliche Fortschritte erzielen. Für DaZ-Schülerinnen und -Schüler ist jedoch das gezielte und systematische Lernen von Deutsch die wichtigste Aufgabe. Deshalb sollten sie sukzessive auch anspruchsvollere Aufgaben anpacken – und zu deren erfolgreicher Bearbeitung die entsprechende Unterstützung erhalten.

---

*Tipp: DaF unterrichten. Basiswissen Didaktik Deutsch als Fremd- und Zweitsprache. ISBN: 978-3-12-675308-1

Vorwort

Implizites und explizites Lernen

Der implizite Spracherwerb geschieht situativ im Alltag. Auch außerhalb der Schule lernen DaZ-Schülerinnen und -Schüler Deutsch. Die so erworbene Lernersprache genügt bald für Alltagssituationen. Das Problem dabei: Das außerschulisch Gelernte reicht häufig nicht für den schulischen Gebrauch. Der schulische Sprachunterricht muss sich deshalb bei DaZ-Lernenden auf die systematische Vermittlung von Sprachstrukturen konzentrieren. Wortschatz- und Grammatikkompetenzen müssen weiter ausgebaut werden. Eine implizit-systematische Sprachvermittlung findet im DaZ-Anfangsunterricht statt (vgl. z. B. Mein Deutschheft, Heft A). Dabei wird ein gezielter Input, ein gezieltes Angebot an (spielerischen) Übungen vorgegeben und von den Schülerinnen und Schülern aufgenommen und wiederholt. Grammatikalisch korrekte Strukturen kommen so «ins Ohr», es wird ein noch nicht vorhandenes Sprachgefühl entwickelt. Mündlich und schriftlich wird normorientiertes Hochdeutsch vermittelt, ohne auf explizites Regelwissen einzugehen. Darauf aufbauend ist die explizite Vermittlung von Regeln und Terminologien möglich und notwendig (vgl. Mein Deutschheft, Heft B,C, D). Wichtig sind für DaZ-Lernende auch Übungen zur Nutzung von Wörterbüchern, Konjugations- und Deklinationstabellen usw.

Alltagssprache und schulische Bildungssprache

DaZ-Schülerinnen und -Schüler haben die Sprache ihres familiären Umfelds gelernt. Wenn sie zudem bereits die Schule in ihrer Erstsprache besucht haben, verfügen sie möglicherweise über gute mündliche und schriftliche Kompetenzen der schulischen Bildungssprache ihres Mutterlandes und können diese Kompetenzen auf ihre neue Umgebungssprache Deutsch übertragen. Das ist die Gruppe der DaZ-Schülerinnen und -Schüler, die als „Quereinsteiger" in die deutschsprachige Schule eintreten.
Andere DaZ-Lernende ziehen schon vor dem Schuleintritt in deutschsprachige Regionen um. Ihr Erstsprachenrepertoire befindet sich auf dem Niveau der Alltagssprache. Deutsch als Zweitsprache für die alltägliche Kommunikation ist für diese DaZ-Schülerinnen und -Schüler meist gut lernbar. Doch der schulische Erfolg erfordert mehr. Der Unterricht in den Regelklassen setzt Sprachkompetenzen in der schulischen Bildungssprache voraus, die insbesondere DaZ-Lernende nicht aus ihrem außerschulischen Umfeld mitbringen.
Mein Deutschheft vermittelt deshalb neben der Alltagssprache exemplarisch grundlegende Fachsprache. Die Arbeitshefte dienen damit der gezielten Vorbereitung der DaZ-Schülerinnen und -Schüler auf den Regelunterricht. Mein Deutschheft geht von 8 Rahmenthemen aus, die Anknüpfungspunkte zu verschiedenen Schulfächern bieten. Anhand dieser Themen lernen die DaZ-Schülerinnen und -Schüler die wichtigsten grammatischen Strukturen und den basalen Fachwortschatz diverser Fächer kennen.

Lernen mit *Mein Deutschheft*

Mein Deutschheft kann als Selbstlernmaterial oder in der Gruppe eingesetzt werden. Diese Handreichungen unterstützen den Einsatz der Arbeitshefte in der Gruppe. Neben allgemeinen Hinweisen zum Einsatz der Materialien in der Gruppe bieten die Handreichungen Hinweise zur Grammatik und zu den Themen der Kapitel.
Wenn Sie die Arbeitshefte in der Gruppe einsetzen, wird es immer Schülerinnen und Schüler geben, die zusätzliche Übungen brauchen. Dazu bietet dieses Material ergänzende Kopiervorlagen, die grammatische Strukturen gezielt trainieren. Allgemeine Kopiervorlagen wie eine Liste der Operatoren mit Erklärung und eine Lernstandsübersicht unterstützen darüber hinaus die selbstständige Arbeit mit den Materialien.

Wahl des richtigen Heftes

Die DaZ-Schülerinnen und -Schüler bringen ganz unterschiedliche Voraussetzungen mit in den Unterricht. Mein Deutschheft bietet die Möglichkeit, auf dem jeweils vorhandenen Sprachniveau anzusetzen. Bei der Wahl des richtigen Heftes unterstützen Sie der Diagnosebogen (S. 5) und die 4 Einstufungstests (S. 6–9). Den Diagnosebogen können Sie selbst ausfüllen und der Auswertung nach das passende Heft auswählen. Alternativ können die Schülerinnen und Schüler die Einstufungstests 1–4 lösen (online oder in Print). Jeder Test prüft das sprachliche Zielniveau eines Heftes. Wird der Test souverän bearbeitet, kann das nächsthöhere Heft gewählt werden. Gibt es noch Lücken, sollte mit dem Heft auf dem Niveau des bearbeiteten Tests begonnen werden.

Die Lösungen der Tests und der Kopiervorlagen finden Sie auf www.klett.de unter dem Code c3gp6v.

Diagnosebogen Mein Deutschheft: Schätzen Sie das Lernniveau Ihrer Schüler/innen ein

Mein Deutschheft bietet DaZ-Förderung auf 4 Niveaus. Dieser Bogen unterstützt Sie bei der Wahl des richtigen Heftes für Ihre Schülerinnen und Schüler. In der Tabelle sind die grammatischen Inhalte der 4 Hefte aufgeführt. Kreuzen Sie an, was Ihre SuS schon können. Lesen Sie dann die Auswertung unter der Tabelle.

GER	Der Schüler / die Schülerin:	A	B	C	D
A1.1	– ist in lateinischer Schrift alphabetisiert.*				
	– kennt die deutschen Personalpronomen im Nominativ. (ich, du, er, sie, …)				
	– kennt die bestimmten und die unbestimmten Artikel. (der, die, das, ein, eine)				
	– kann einfache Aussagesätze verstehen. (z. B. Ich heiße Aylin.)				
	– kann einfache W-Fragen lesen und verstehen. (z. B. Wie heißt du?)				
A1.2	– kann einfache Aussagesätze und einfache W-Fragen bilden. (z. B. Wie heißt du? Ich heiße …)				
	– kann Verben im Präsens konjugieren. (ich bin, du bist, sie ist, …)				
	– kann Entscheidungsfragen lesen und verstehen. (z. B. Wohnst du in München?)				
	– kann trennbare Verben verstehen und verwenden. (z. B. ab/schreiben, Er schreibt den Text ab.)				
	– kennt die Unterscheidung in Singular / Plural und kann den Plural bilden. (der Hut, die Hüte)				
	– kann den Akkusativ verstehen und verwenden. (z. B. Sie isst einen Apfel.)				
	– kann Possessivartikel (z. B. meine Klasse, dein Stift) verstehen und verwenden.				
	– kann die Negation mit kein und nicht verstehen und verwenden. (z. B. Das ist kein Buch.)				
	– kann den Dativ verstehen und verwenden. (z. B. Ich fahre mit dem Bus zur Schule.)				
	– kann den Imperativ verstehen und verwenden. (z. B. Schreib. Lies.)				
	– kann Verbformen im Perfekt verstehen und bilden. (z. B. Wir haben gegessen.)				
A2.1	– kann die Modalverben (Präsens) verstehen und verwenden. (Können Sie mir helfen?)				
	– kann das Präteritum verstehen und bilden. (z. B. Sie hatten Ferien. Wir waren im Urlaub.)				
	– kann Adjektive verstehen, verwenden und steigern. (z. B. groß, größer, am größten)				
	– kann reflexive Verben verstehen und verwenden. (z. B. sich freuen, sich anziehen)				
	– kann Personalpronomen im Dativ/Akkusativ verwenden. (z. B. Ich sehe dich. Gib mir das Buch.)				
	– kann Possessivartikel im Akkusativ verstehen und verwenden. (z. B. Ich suche meinen Gürtel.)				
	– kann den Genitiv und das Genitiv-s verstehen und verwenden. (z. B. Das ist Annas Buch.)				
	– kann Satzverbindungen mit und, oder, aber, denn, sondern verstehen und bilden.				
	– kann Temporalsätze mit wenn und als verstehen und bilden. (z. B. Als ich im Urlaub war, …)				
A2.2	– kann Konditionalsätze mit wenn verstehen und bilden. (z. B. Wenn es schneit, bleiben wir zu Hause.)				
	– kann Verben mit festen Präpositionen verstehen und verwenden. (z. B. anfangen mit, warten auf)				
	– kann Relativsätze verstehen und bilden. (z. B. Das Buch, das ich dir gegeben habe, ist spannend.)				
	– kann den Infinitiv mit zu verstehen und verwenden. (Er beschloss, das Buch zu lesen.)				
	– kann das Futur I verstehen und verwenden. (z. B. Im Sommer werden wir in die Alpen fahren.)				
	– kann Konzessivsätze mit obwohl verstehen und bilden. (z. B. Obwohl er krank war, ging er …)				
	– kann Temporalsätze mit bis und seit verstehen und bilden. (z. B. Seit wir hier wohnen, gehen wir …)				
	– kann Vorzeitigkeit ausdrücken (Plusquamperfekt, nachdem). (z. B. Nachdem wir weggefahren waren, kam …)				
	– kann das Passiv verstehen und bilden. (z. B. Der Text wurde vorgelesen.)				

Zählen Sie nun die Kreuze zusammen.

A	0 – 3 Kreuze: Verwenden Sie Heft A.	ab 4 Kreuze: Verwenden Sie Heft B.
B	0 – 9 Kreuze: Verwenden Sie Heft B.	ab 10 Kreuzen: Verwenden Sie Heft C.
C	0 – 7 Kreuze: Verwenden Sie Heft C.	ab 8 Kreuzen: Verwenden Sie Heft D.
D	0 – 7 Kreuze: Verwenden Sie Heft D.	ab 8 Kreuzen: *

Bei der Wahl des richtigen Heftes unterstützen Sie neben diesem Bogen auch unsere interaktiven Tests (S. 6 – 9).

* Unser Kundendienst informiert Sie gern über Materialien für die Alphabetisierung bzw. die Weiterqualifizierung Ihrer Schülerinnen und Schüler: 0711 / 66 72 13 33.

Test A | Tests zur Unterstützung bei der Wahl des richtigen Heftes

Name: Klasse: Datum:

Übung p7q2rv

1 Ordne die Wörter zu.

Lehrerin / Buch / Lied / Käse / Frühstück / Winter / Stundenplan / Arm / Hose / Bruder

der	die	das

2 Ergänze die Wörter.

bin / ich / du / woher / wer / komme / du / kommst / du

Guten Morgen! _____ bin Magdalena. Und _____ bist _____?

Hallo, ich _____ Sebastian.

Und _____ kommst _____? _____ _____ aus der Schweiz?

Nein, ich _____ aus Österreich.

3 Schreibe die Personalpronomen und die Verbformen.

haben	sein	sprechen

4 Unterstreiche den richtigen Artikel.

Das ist ein / eine Katze. Dort liegt ein / eine Stift.

Es steht ein / eine Tisch im Zimmer. Auf dem Tisch liegt ein / eine Heft.

5 Unterstreiche das richtige Wort.

Ist das ein Stift? – Nein, das ist ein / kein / nicht Stift.

Schreibt er gut? – Nein, er schreibt nicht / sehr / kein gut.

Ist das dort deine Schwester? – Nein, das ist nicht / kein / nie meine Schwester.

Test B | Tests zur Unterstützung bei der Wahl des richtigen Heftes

Name: Klasse: Datum:

Übung u94az8

1 Ordne die Wörter zu.

> ein / an / fährt / auf / ruft / steht / kauft / ab

Der Zug _____ um fünf Uhr _____ .   Jeden Morgen _____ er früh _____ .

Meine Freundin _____ mich oft _____ .   Sandra _____ im Supermarkt _____ .

2 Im Café. Ergänze die Artikel.

Guten Tag. Haben Sie gewählt?

Ja, ich möchte gern _____ Kaffee, _____ Mineralwasser und _____ Stück Torte. Du auch?

Nein, ich esse nur _____ Torte von meiner Oma. Ich nehme _____ Tee und _____ Eis.

3 Unterstreiche den richtigen Possessivartikel.

Hallo Lisa,

heute erzähle ich dir von meiner Klasse. Mein / Meine Klassenlehrerin ist sehr nett. Ihr / Ihre Sohn heißt Jan und geht auch in unser / unsere Klasse. Er spielt sehr gern Klavier. Genau wie dein / deine Schwester. Mein / Meine Sitznachbarin übt auch oft mit sein / seinem Klavier.

4 Was ist richtig? Kreuze an.

Heute Abend gehen wir
- [ ] ins Theater.
- [ ] in die Theater.
- [ ] in der Theater.

Ich fahre jeden Morgen
- [ ] mit der Bus.
- [ ] mit dem Bus.
- [ ] mit die Bus.

Der Drucker steht
- [ ] auf der Tisch.
- [ ] auf dem Tisch.
- [ ] auf die Tisch.

5 Was passt? Kreuze an.

Stefan, _____ bitte in dein Heft!   □ schreib   □ schrieb   □ schreibt

_____ bitte deinen Bruder an!   □ Ruft   □ Rufen   □ Ruf

6 Schreibe die Perfektformen.

Was _____ du heute so _____? (machen)

Zuerst _____ ich _____ und _____ Müsli _____. (aufstehen, essen) Dann _____ ich die Wohnung _____ und _____. (aufräumen, einkaufen)

Test C | Tests zur Unterstützung bei der Wahl des richtigen Heftes

Name: _____ Klasse: _____ Datum: _____

Übung fr2aw9

1 Ergänze haben oder sein im Präteritum.

Wir _____ eine gute Zeit.

Ich _____ am Wochenende auf einer Geburtstagsparty.

Nadine _____ sehr lange krank.

Du _____ gestern ein schönes Kleid an.

2 Welche Form ist richtig? Kreuze an.

Ich springe _____ als Sofie.   Ich finde, Englisch ist _____.   Ich mag Nudeln _____.

☐ hoch   ☐ am leichtesten   ☐ am häufigsten
☐ höher   ☐ am leichter   ☐ am liebsten
☐ am höchsten   ☐ am meisten   ☐ am besten

3 Ergänze das Verb in der richtigen Form.

Sie _____ für Mode. (sich interessieren)

Laura _____ über das Geschenk. (sich freuen)

Nach dem Frühstück _____ ich _____ _____. (sich anziehen)

4 Ergänze die Personalpronomen im Akkusativ oder im Dativ.

Wo warst du? Ich habe _____ nicht gesehen.

Gefällt dir deine neue Gitarre? Ja, ich mag _____ sehr.

Ist das dein Buch? Ja, das gehört _____.

5 Unterstreiche den richtigen Possessivartikel.

Ohne mein / meine Nachbarn wäre die Party nur halb so lustig gewesen.
Ich habe deinen / dein Lieblingskuchen gebacken.
Susi stellt eine Anzeige ins Internet, denn sie verkauft ihre / ihren Kühlschrank.
Unser / Unsere Klassenlehrerin kommt mit zur Klassenfahrt.

Test D | Tests zur Unterstützung bei der Wahl des richtigen Heftes

Name: Klasse: Datum:

Übung u9vm56

1 Verbinde die Satzteile.

Wenn du die nächste Straße rechts abbiegst,   hatte er schlechte Laune.
Obwohl sie müde waren,   siehst du das Museum.
Obwohl die Sonne schien,   kann ich dir etwas vorlesen.
Wenn du das Buch holst,   gingen sie noch aus.

2 Verben mit Präpositionen. Ordne zu.

achten, sich treffen, sich verabreden, sich ärgern, sich beschäftigen

mit	auf	über

3 Schreibe Relativsätze mit dem passenden Relativpronomen der, die oder das.

ich dir gegeben habe – das Buch – spannend sein

_____

die Frau – mir gestern geholfen hat – das ist

_____

nach Leipzig fahren – ist schon ausgebucht – der Bus

_____

stehen die zwei Mädchen – wie Schwestern aussehen – dort

_____

4 Schreibe Sätze im Futur.

Maja – verreisen – nächste Woche   _____

Meine Schwester – einen Kuchen – backen   _____

Henriette – im Winter – stricken – Socken   _____

5 Verbinde die Sätze mit bis oder seit.

Hanna geht in die Schule.   _____

Sie hat viele Freunde.   _____

Ich bleibe zu Hause. Ich bin wieder gesund.   _____

Hinweise zum Einsatz der Arbeitshefte in der Gruppe

Aufgabentyp	Einsatz in der Gruppe
Hör den Text.	Die Hörtexte können alle auch im Plenum gehört werden. Hören Sie den Text zunächst einmal komplett. Gliedern Sie ihn dann in Abschnitte. Lassen Sie beim zweiten Hören zwischen den Abschnitten kurze Pausen. Sie können Wörter oder Sätze im Chor nachsprechen lassen.
Lies den Text.	Texte können gut in Partnerarbeit gelesen werden. So bietet sich die Möglichkeit, abwechselnd alle SuS sprechen zu lassen. Eventuelle Sprechhemmungen sind in dem kleinen Rahmen geringer. Gehen Sie in der Klasse umher und hören Sie den SuS zu. Korrigieren Sie ggf. die Aussprache.
Setze das Wort ein. Unterstreiche das richtige Verb. Verbinde Fragen und Antworten / Bilder und Wörter / Sprechblasen … Ordne die Wörter / Bilder / Sätze. Schreibe die Wörter / Verben / Sätze / … (in die Tabelle). Unterstreiche das richtige Wort. Verbinde die Sätze. Kreuze an. Ergänze die Sätze / Wörter / Buchstaben … Ordne die Bilder / Temperaturen / Sätze … zu. Schreibe als Wort / als Zahl / als Satz. Markiere die Wörter / Artikel / … Suche die Wörter / Sätze / Verben … Setze die Wörter / Sätze / Verben / … ein. Kreise die Wörter / … ein.	Diese geschlossenen Übungen werden in der Regel in Einzelarbeit durchgeführt. Lassen Sie die SuS anschließend in Partnerarbeit ihre Lösungen vergleichen. Der Lösungsschlüssel kann dabei helfen. Wenn Sie das Gefühl haben, dass es bei einer Aufgabe größere Probleme gab, vergleichen Sie noch einmal im Plenum. Schreiben Sie die korrekten Lösungen an die Tafel und klären Sie Fragen.
Beantworte die Fragen.	Fragen und Antworten können in Partner- oder Gruppenarbeit beantwortet werden. Die SuS stellen sich dazu gegenseitig die Fragen und geben jeweils die Antwort.

Hinweise zum Einsatz der Arbeitshefte in der Gruppe

Aufgabentyp	Einsatz in der Gruppe
Hör und kontrolliere.	Hören Sie den Text gemeinsam und abschnittsweise. Kontrollieren Sie gemeinsam. Schreiben Sie die Lösungen am besten parallel an die Tafel.
Übersetze die Wörter.	Diese Aufgabe können Sie wahrscheinlich nicht überprüfen. Nutzen Sie die Gelegenheit, Ihren SuS den Umgang mit Wörterbüchern, Nachschlagewerken oder dem Internet zu erklären und diesen zu üben. So lernen die SuS, auch in Zukunft selbstständig unbekannte Wörter nachzuschlagen.
Hör und sprich den Rap / Text / …	Dialoge können Sie in Partnerarbeit sprechen und im Plenum vorspielen lassen. Raps sprechen und üben Sie am besten im Plenum.
Sieh das Bild / das Diagramm … an.	Abbildungen, Fotos, Diagramme etc. können sehr gut gemeinsam im Plenum betrachtet werden. Dazu kann das entsprechende Bild auf Folie kopiert und an die Wand projiziert werden. Alle SuS sollten die Möglichkeit haben, ihre Gedanken und Ideen, bereits bekannte Wörter etc. zu äußern. Neuer Wortschatz kann parallel an der Tafel gesammelt und strukturiert werden. Unbekannte Begriffe können geklärt werden. Dies eignet sich besonders zum Einstieg in ein neues Thema und zur Aktivierung des Vorwissens.
Schreibe wie im Beispiel. Schreibe ein Wortgitter zu … Beschreibe dich / das Tier …	Freiere Schreibaufgaben werden am besten individuell gelöst. Ermutigen Sie Ihre SuS, ihre Lösungen im Plenum vorzulesen oder sie Ihnen abzugeben. Kreative Aufgaben können anschließend im Plenum präsentiert und/oder im Klassenraum aufgehängt werden.
Beschrifte das Bild / das Diagramm …	Auch hier bietet es sich an, das entsprechende Bild an die Wand zu projizieren oder an der Tafel zu skizzieren und direkt auf der Folie oder an der Tafel beschriften zu lassen.

1 | Ich, du – wir: Ein neuer Tag! (▸ S. 4–11)

Thematische Schwerpunkte Kapitel 1: Ich, du – wir

Das Thema Ich, du – wir beschäftigt sich mit verschiedenen Aspekten der Person. Es greift Themen auf, die auch im Deutsch- oder Fremdsprachenunterricht relevant sind und dient somit der Vorbereitung dieser Fächer.

Ein neuer Tag dient als Einführung in das sprachliche Feld der Schule sowie des Schüleralltags. Das Kapitel behandelt grundlegende Wörter und Phrasen zu den Themen der Tag, Tageszeiten, Begrüßen und Verabschieden.

Das Thema Ich, du – wir setzt sich wie folgt durch die Hefte A–D fort:

Heft A	Heft B	Heft C	Heft D
Begrüßung und Verabschiedung Tageszeiten Beschreibung des Tagesablaufs	sich vorstellen (Name, Herkunft, Alter, Hobbys, Geburtstag, Wohnort)	Familie Berufe, Berufswunsch	Medien, Mediennutzung

Sprachliche Schwerpunkte Kapitel 1: Ich, du – wir

Heft A	Heft B	Heft C	Heft D
Personalpronomen (Singular und Plural) Konjugation schwacher Verben Einfacher Aussagesatz W-Fragen: Wer …?	Entscheidungsfragen Präsens schwache Verben, sein, haben und mögen bestimmter Artikel	Satzverbindungen mit und, oder, aber, denn, sondern Anredepronomen	Konditionalsatz mit wenn Verben mit festen Präpositionen

Lernziele Kapitel 1, Heft A

Die Schülerinnen und Schüler verstehen:	Die Schülerinnen und Schüler können:
Begrüßungs- und Verabschiedungsformeln die Tageszeiten und den Tagesablauf Handlungen des Alltags (aufstehen, Zähne putzen, zur Schule gehen …)	schwache Verben konjugieren die Personalpronomen verwenden Tätigkeiten der passenden Tageszeit zuordnen die passende Begrüßung/Verabschiedung wählen (Tageszeit, Person/en) ein Plakat erstellen

Ich, du – wir: Ein neuer Tag! (▸ S. 4–11) | 1

Unterrichtshinweise

Zentrale grammatikalische Inhalte: Personalpronomen, Konjugation schwacher Verben
Zentrale Redemittel: Begrüßung, Verabschiedung

1. Die Personalpronomen:

ich, du, er, sie, es, wir, ihr, sie

Üben Sie die Personalpronomen im Kurs so lange, bis alle SuS sie verstanden haben. Lassen Sie die SuS dazu auf Personen/Personengruppen zeigen und das jeweils passende Personalpronomen sagen. Schreiben Sie die Personalpronomen untereinander an die Tafel.

2. Konjugation schwacher Verben:

	gehen	**schreiben**	**sagen**	**spielen**
ich	gehe	schreibe	sage	spiele
du	gehst	schreibst	sagst	spielst
er/sie/es	geht	schreibt	sagt	spielt
wir	gehen	schreiben	sagen	spielen
ihr	geht	schreibt	sagt	spielt
sie	gehen	schreiben	sagen	spielen

Übernehmen Sie die Tabelle an die Tafel, tragen sie das erste Beispiel (gehen) ein und markieren Sie die Personal-Endungen. Ergänzen Sie die Formen von schreiben gemeinsam mit den SuS. Lassen Sie sagen und spielen selbstständig erarbeiten.

Es hilft den SuS auch, ein Plakat für das Klassenzimmer zu erstellen und aufzuhängen, sodass die Verbformen immer sichtbar sind.

Zur Festigung können Sie ein Ballspiel durchführen: Die SuS sagen jeweils ein Verb und werfen sich den Ball zu. Jede/r sagt eine Verbform: schreiben. ich schreibe ⟶ du schreibst ⟶ er schreibt ...
Dieses Spiel können Sie regelmäßig als Auflockerung oder zum Einstieg nutzen und durch alle bekannten Verben erweitern.

3. Begrüßung und Verabschiedung

Nutzen die die Abschlussaufgabe, um ausführlich zu klären, welche Grußformeln zu welcher Tageszeit genutzt werden. Verdeutlichen Sie auch den Unterschied zwischen informellen und formellen Grußformeln und erklären Sie, wen man wie begrüßen sollte.

Die Grußformeln können dann in kleinen Szenen vorgespielt und trainiert werden.

2 | Der Mensch – damals und heute: Menschen in der Schule (▶ S. 12–19)

Thematische Schwerpunkte Kapitel 2: Der Mensch – damals und heute

Das Thema Der Mensch – damals und heute beschäftigt sich mit Menschen in unterschiedlichen Zeiten – von der Steinzeit bis heute. Es greift damit geschichtliche und gesellschaftliche Themen auf, die vor allem auf den Geschichtsunterricht vorbereiten sollen.

In der Schule stellt die Räumlichkeiten der Schule vor. Die SuS lernen spielerisch den Basiswortschatz zu Personen, Räumen und Gegenständen in der Schule kennen. Dies ermöglicht die Orientierung im Schulhaus.

Das Thema Der Mensch – damals und heute setzt sich wie folgt durch die Hefte A–D fort:

Heft A	Heft B	Heft C	Heft D
Orientierung in der Schule Schulgebäude, wichtige Räume, Orte und Gegenstände Personen und Tätigkeiten in den Räumen und im Unterricht Beschreibung des Tagesablaufs	Der Mensch früher – Verbreitung auf der Erde	Jungsteinzeit: neue Erfindungen, veränderte Lebensbedingungen	Altertum/Antike (Ägypten, Rom, Griechen)

Sprachliche Schwerpunkte Kapitel 2: Der Mensch – damals und heute

Heft A	Heft B	Heft C	Heft D
W-Fragen einfacher Aussagesatz bestimmte und unbestimmte Artikel	Satzbau: Subjekt, Prädikat, Objekt unbestimmter Artikel + kein – Das ist ein(e)/kein(e)	Perfekt Verben auf -ieren Demonstrativpronomen, Demonstrativartikel	Relativsätze Infinitiv mit zu

Lernziele Kapitel 2, Heft A

Die Schülerinnen und Schüler verstehen:	Die Schülerinnen und Schüler können:
– Orts- und Personenbezeichnungen in der Schule – grundlegende Arbeitsanweisungen (markiere, verbinde, kreuze an …) – einfache Vorstellungsdialoge	– nach einem Raum/Ort Fragen – Gegenstände der Schule und Personen bezeichnen

Der Mensch – damals und heute: Menschen in der Schule (▶ S. 12–19) | 2

Unterrichtshinweise

Zentrale grammatikalische Inhalte: Die Artikel, W-Fragen, einfacher Aussagesatz
Zentrale Redemittel: Orientierung im Schulgelände, Tätigkeiten im Unterricht

1. Die Artikel

bestimmte Artikel	der	die	das
unbestimmte Artikel	ein	eine	ein

Stellen Sie zuerst die Artikel der, die und das vor. Sammeln Sie bereits bekannte Wörter zu jedem Artikel an der Tafel. Verdeutlichen Sie dann den Unterschied zwischen den bestimmten und den unbestimmten Artikeln. Dies können Sie z. B. mithilfe verschiedener Stifte veranschaulichen: Zeigen Sie einen Kuli (das ist ein Stift), einen Bleistift (das ist ein Stift), einen Füller (das ist ein Stift) etc. Wählen Sie dann einen Stift aus und zeigen Sie: DER Stift schreibt blau.

2. Die W-Fragen

1	2	3
Was	ist	das?
Fragewort	**Verb/Prädikat = Position 2**	Rest des Satzes

3. Der einfache Aussagesatz

1	2	3
Das	ist	ein Buch.
Subjekt	**Verb/Prädikat = Position 2**	Rest des Satzes (Objekt)

Die Frage Was ist das? Mit der Antwort Das ist ein/eine... dient in diesem Kapitel zur Vermittlung der Satzstruktur in W-Fragen und einfachen Aussagesätzen. Zeigen Sie, dass das Verb in diesen Satzarten immer auf der 2. Position steht. Schreiben Sie Fragen und Antworten dazu an die Tafel (am besten in eine Tabelle). Heben Sie das Verb optisch hervor.

Wiederholen Sie Frage- und Antwortmuster möglichst oft, damit sich die Strukturen einschleifen. Übertragen Sie die Satzstrukturen dann auf andere bereits bekannte Sätze und schreiben Sie diese ebenfalls an die Tafel. SuS, die diese Regel schon kennen, können Ihnen dabei helfen.

4. Orientierung im Schulgebäude, Tätigkeiten im Unterricht

Die Orientierung im Schulgebäude ist sehr wichtig, damit die SuS wissen, wo sie was finden. Organisieren Sie einen kurzen Schulrundgang (auch hier können SuS, die schon länger im Kurs sind, helfen). Laufen Sie die wichtigsten Orte gemeinsam ab und klären Sie die neuen Wörter.

Ebenso wichtig wie die Orientierung ist das Verständnis der grundlegenden Operatoren, die immer wieder auftauchen. Nehmen Sie sich deshalb genug Zeit, die Operatoren gemeinsam durchzugehen und zu erklären. Hängen Sie ein Plakat mit den Operatoren in Ihr Klassenzimmer und/oder kopieren Sie die Liste der Operatoren mit Erklärung (S. 45/46) für alle SuS und teilen Sie diese aus.

3 | Die Zeit und der Raum: Das Schuljahr (▶ S. 20–27)

Thematische Schwerpunkte Kapitel 3: Die Zeit und der Raum

Das Thema Die Zeit und der Raum greift Themen auf, die sowohl im Geografieunterricht als auch im Deutsch- oder Fremdsprachenunterricht relevant sind und dient somit der Vorbereitung dieser Fächer.

Das Schuljahr vermittelt sprachliche Grundlagen zum Thema Zeit. Die SuS lernen, die Jahreszeiten, Monate und Wochentage zu erkennen und selbst eigene kurze Sätze mit ihnen zu bilden. Außerdem werden Schulfächer, Grund- und Ordnungszahlen thematisiert.

Das Thema Die Zeit und der Raum setzt sich wie folgt durch die Hefte A–D fort:

Heft A	Heft B	Heft C	Heft D
Jahreszeiten, Monate und Ferien Wochentage, Stundenplan und Schulfächer Kardinal- und Ordinalzahlen 0–19	Merkmale und Entstehung der Jahreszeiten	Wege beschreiben, Karten lesen (Maßstab, Legende), Entfernungen im Sonnensystem	Umweltprobleme und Zukunftsvisionen

Sprachliche Schwerpunkte Kapitel 3: Die Zeit und der Raum

Heft A	Heft B	Heft C	Heft D
Zeitangaben W-Fragen: Wann …?	Präpositionen + Artikel Verbklammer: trennbare Verben Numerus (Sg./Pl.) Subjekt-Prädikat-Prädikatsnomen	Präsens + Wortstellung Modalverben Possessivartikel Akkusativ Genitiv, Genitiv-s	Futur I (+ Futur im Präsens)

Lernziele Kapitel 3, Heft A

Die Schülerinnen und Schüler verstehen:	Die Schülerinnen und Schüler können:
– die Jahreszeiten, Monate und wichtige Schulferien – die Schulfächer und den Stundenplan – einfache Verabredungsdialoge	– sagen, wie die Wochentage heißen – sagen, welche Schulfächer sie mögen/nicht mögen – einfache Matheaufgaben verstehen und lösen

Die Zeit und der Raum: Das Schuljahr (▸ S. 20–27) | 3

Unterrichtshinweise

Zentrale grammatikalische Inhalte: Zeitangaben (vor, nach), W-Fragen (Wann?), Zahlen
Zentrale Redemittel: Jahreszeiten, Schulfächer

1. Jahreszeiten, Zeitangaben

Für die Vermittlung der Jahreszeiten und der Zeitangaben empfiehlt sich die Arbeit mit einem Klassenkalender. Daran können Sie die einzelnen Monate, die Jahreszeiten und die Ferien zeigen. Gehen Sie darauf ein, welche Ferien es an Ihrer Schule gibt und markieren Sie diese im Kalender. Klären Sie im Plenum, welcher Tag, welcher Monat und welche Jahreszeit gerade ist.

Auch die Zeitangaben vor und nach lassen sich am Kalender gut zeigen. Zusätzlich können Sie an der Tafel einen Zeitstrahl skizzieren und eine Woche anschreiben. Erklären Sie daran die Begriffe vor und nach. Lassen Sie diese dann in Partnerarbeit üben: Wie heißt der Tag vor/nach …? – Der Tag vor/ nach … heißt …

2. W-Fragen: Wann?

Die Struktur von W-Fragen wurde schon im Kapitel 2 eingeführt. Wiederholen Sie diese hier, indem Sie noch einmal die Tabelle anzeichnen und die Verbposition hervorheben. Die SuS können Frage und Antwort in Partnerarbeit üben: Wann sind die … ferien? Die … ferien sind im …

3. Zahlen

In diesem Kapitel werden die Grundzahlen 1–19 und die Ordnungszahlen 1–19 eingeführt. Das Verständnis der Zahlen bereitet den SuS in der Regel keine Probleme. Allerdings sollten Sie erklären, wie die Zahlwörter ab 13 gebildet werden.
Schreiben Sie die Ziffern 13 groß an die Tafel. Schreiben Sie dann das Zahlwort darunter. Zeichnen Sie Pfeile von der 1 zu zehn und von der 3 zu drei ein. Sprechen Sie das Zahlwort laut mit. Wiederholen Sie dies mit der vierzehn. Schreiben Sie dann die 15 an und lassen Sie im Plenum das Zahlwort suchen.

Die Zahlen können Sie mit verschiedenen Spielen trainieren. Zum einen bietet sich das Ballspiel (vgl. Kapitel 1) an. Die SuS werfen sich gegenseitig den Ball zu. Wer wirft, stellt eine (einfache!) Rechenaufgabe. Wer fängt, sagt die Lösung und denkt sich die nächste Aufgabe aus.
Außerdem können Sie ein Bingo-Spiel durchführen. Verteilen Sie dazu kleine Zettel mit leeren Bingo-Feldern (3x3 Kästchen). Jede/r schreibt 9 Zahlen (0–19) auf. Nun sagen Sie durcheinander Zahlen von 0–19. Die SuS streichen alle Zahlen, die bereits genannt wurden, durch. Wer zuerst eine Reihe hat, ruft Bingo und darf als nächste/r die Zahlen nennen.

Die Ordnungszahlen können Sie mithilfe der Abbildung (S. 25) erklären. Üben sie diese dann mithilfe des Stundenplans (S. 26). Die SuS können sich anschließend in Partnerarbeit zu ihren Stundenplänen befragen. Klären Sie dazu vorab die Namen der Schulfächer. Ergänzen Sie ggf. Fächer, die an Ihrer Schule unterrichtet werden, die jedoch nicht im Heft aufgeführt sind.

4 | Das Feuer: Die große Pause (▶ S. 28–35)

Thematische Schwerpunkte Kapitel 4: Das Feuer

Die Feuer-Kapitel beschäftigen sich mit Themen rund um Feuer, Wärme, Licht und Ernährung. Es bietet damit Anknüpfungspunkte zur Chemie, zur Biologie und zur Geografie.

Große Pause! bietet einen ersten sprachlichen Einstieg in das Thema Ernährung/Lebensmittel. Es werden in erster Linie die Nahrungsmittel selbst, und darüber hinaus Phrasen rund um das Thema Essen und Trinken sowie Tätigkeiten in der Pause vermittelt.

Das Thema Das Feuer setzt sich wie folgt durch die Hefte A–D fort:

Heft A	Heft B	Heft C	Heft D
Lebensmittel essen, trinken, nehmen, möchten Zahlen: 20, 30, 40, 50, 60, 70, 80, 90, 100 Preisangaben	Nutzung des Feuers von früher bis heute. Alltag: Grillparty Fachlich: Was brennt?	Aggregatzustände und die Übergänge von einem zum andern	Vulkane

Sprachliche Schwerpunkte Kapitel 4: Das Feuer

Heft A	Heft B	Heft C	Heft D
Akkusativ einfacher Aussagesatz: Ich esse gerne… / Ich möchte… / ich nehme… W-Fragen: Was kostet das? Was möchtet ihr essen?	Präsens starke Verben Einführung Akkusativ Possessivartikel im Nominativ	Adjektive: Steigerung und Verwendung	Perfekt reflexive Verben

Lernziele Kapitel 4, Heft A

Die Schülerinnen und Schüler verstehen:	Die Schülerinnen und Schüler können:
- Lebensmittelbezeichnungen - einfache Verkaufsdialoge (Mensa/Cafeteria) - Preise von Lebensmitteln/eine einfache Speisekarte oder Preistafel	- etwas zu essen/zu trinken bestellen - sagen, was sie mögen/nicht mögen

Das Feuer: Die große Pause (▶ S. 28 – 35) | **4**

Unterrichtshinweise

Zentrale grammatikalische Inhalte: Akkusativ, einfacher Aussagesatz, W-Fragen (Was …?)
Zentrale Redemittel: Lebensmittel, Zahlen, Preisangaben

1. Lebensmittel

Wenn Sie im Unterricht über Lebensmittel sprechen, bringen Sie am besten möglichst viele Realien mit. Dies können „echte" Lebensmittel sein oder Werbeprospekte mit Abbildungen. Sammeln Sie zum Einstieg bereits bekannte Wörter an der Tafel. Sehen Sie dann die Abbildungen im Arbeitsheft (S. 28) an und klären Sie unbekannte Begriffe.

2. W-Fragen, einfacher Aussagesatz

Die Struktur der W-Fragen und der einfachen Aussagesätze ist den SuS nun bereits bekannt. Schreiben Sie die Fragen und Antworten: Was isst du gerne? Was isst du nicht so gerne? Ich esse gerne …, Ich esse nicht so gerne … trotzdem an die Tafel und heben Sie die Position des Verbes optisch hervor. Lassen Sie die Strukturen dann in Partnerarbeit üben. Die SuS fragen sich gegenseitig: Was isst du gerne? Was isst du nicht so gerne? und antworten.

3. Zahlen, Preisangaben

Wiederholen Sie die Zahlen, die im Kapitel 3 gelernt wurden. Führen Sie dann die Zahlen 20, 30, 40, 50, 60, 70, 80, 90 und 100 ein. Verdeutlichen Sie den Unterschied zwischen drei**zehn** und drei**ßig**, vier**zehn** und vier**zig** usw.

Wenn die Zahlen verstanden wurden, können Sie zu den Preisangaben übergehen (Was kostet …? … kostet …).
Schwierig sind hier alle Preisangaben mit 1€. Schreiben Sie die Struktur (Das … kostet ein**en** Euro/ ein**en** Euro fünfzig/ein**en** Euro siebzig) an die Tafel, heben Sie die Endung **-en** optisch hervor. Lassen Sie die Struktur dann in Partnerarbeit üben

4. Der Akkusativ

Der Akkusativ tritt hier erstmals auf und wird implizit vermittelt. Er wird weder benannt, noch erklärt. Es geht an dieser Stelle lediglich um die Einführung fester Strukturen.

Üben Sie den Akkusativ mithilfe der Verben möchten, essen, trinken, nehmen. Schreiben Sie Sätze mit diesen Verben an die Tafel (Ich möchte einen Apfel. Ich esse eine Banane. Ich trinke ein Wasser. Ich nehme einen Saft.) und markieren Sie die Endung von ein. Schreiben Sie folgende Tabelle an die Tafel:

Das ist …	Ich möchte, Ich esse, Ich trinke, Ich nehme …
(der) ein	einen
(die) eine	eine
(das) einen	ein

Erklären Sie, dass hinter diesen 4 Verben immer einen steht. Üben Sie die Struktur, indem die SuS in Partenerarbeit kleine Einkaufsdialoge schreiben und diese im Plenum vorspielen.

5 | Das Wasser: Es regnet! (▶ S. 36–43)

Thematische Schwerpunkte Kapitel 5: Das Wasser

Das Thema Das Wasser beschäftigt sich mit Bereichen, die in engem Zusammengang mit dem Wasser stehen. Die Inhalte sind vor allem biologisch ausgerichtet und dienen der Vorbereitung des Biologieunterrichts.

Es regnet! dient als Einführung in das sprachliche Feld des Themas Wasser. Es wird Wortschatz rund um die Wortfelder Wetter und Körperteile/Kleidung erworben. Die SuS lernen, über das Wetter und ihre Kleidung zu sprechen.

Das Thema Das Wasser setzt sich wie folgt durch die Hefte A–D fort:

Heft A	Heft B	Heft C	Heft D
Wetter Körper Kleidung und Farben	Wasser ist Leben! Der Körper, Bedeutung Wasser für Lebewesen	Ökologie	Evolution

Sprachliche Schwerpunkte Kapitel 5: Das Wasser

Heft A	Heft B	Heft C	Heft D
unpersönliches es (mit Wetterverben, induktiv) Akkusativ (induktiv) Einfacher Aussagesatz	Wortstellung nach Zeitangaben Negation nicht (verschiedene Positionen), noch nicht, nicht mehr	Personalpronomen im Akkusativ Präsens reflexive Verben	Konzessivsätze mit obwohl Temporalsätze mit bis Temporalsätze mit seit

Lernziele Kapitel 5, Heft A

Die Schülerinnen und Schüler verstehen:	Die Schülerinnen und Schüler können:
– Aussagen zum Wetter – einfache Beschreibung der Körperteile und Kleidungsstücke einer Person – Handlungen des Alltags (aufstehen, Zähne putzen, zur Schule gehen …)	– einfache Sätze zum Wetter schreiben – sagen, welche Kleidung sie anhaben – Farben benennen – eine Personen beschreiben (Vorstellen, Kleidung, Wetter …)

Das Wasser: Es regnet! (▶ S. 36–43) | **5**

Unterrichtshinweise

Zentrale grammatikalische Inhalte: unpersönliches es (mit Wetterverben), Akkusativ
Zentrale Redemittel: Wetter, Körper, Kleidung

1. Das Wetter – unpersönliches es

Bringen Sie verschiedene Wetter-Bilder mit in den Unterricht und heften Sie diese an die Tafel. Sammeln Sie im Plenum bereits bekannte Wetter-Wörter. Sehen Sie dann gemeinsam die Wetterbilder im Arbeitsheft (S. 36) an und lesen Sie die Sätze. Klären Sie unbekannte Begriffe.

Schreiben Sie die Struktur Es ist kalt/warm/bewölkt/neblig/windig an die Tafel. Erklären Sie, dass dies eine feste Struktur ist. Ergänzen Sie dann die feste Struktur Es schneit/regnet. Schreiben Sie erst zum Schluss den Satz Die Sonne scheint. an die Tafel und heben Sie ihn als Ausnahme hervor.

Sprechen Sie dann im Plenum über das aktuelle Wetter: Wie ist das Wetter heute? Wie ist das Wetter am Mittwoch/am Donnerstag …? Lassen Sie die SuS antworten. Hierzu können Sie z. B. Ausschnitte aus dem Wetterbericht einer Zeitung mitbringen. Fragen Sie auch nach dem Wetter auf den zu Stundenbeginn gezeigten Wetter-Bildern.
Erinnern Sie bei der Frage Wie ist das Wetter …? an die Struktur der W-Frage.

2. Körper, Kleidung, Farben – Akkusativ

Diese sehr anschaulichen Themen können Sie gut im Plenum einführen. Zeichnen Sie zuerst eine Person an die Tafel (oder projizieren Sie diese an die Wand). Sammeln Sie an der Tafel/auf der Folie alle bereits bekannten Wörter für die Körperteile. Sehen Sie dann die Abbildung im Arbeitsheft (S. 38) an. Lesen Sie gemeinsam die Wörter und ergänzen Sie ggf. an der Tafel.

Sammeln Sie anschließend bekannte Begriffe für Kleidungsstücke und führen Sie die neuen Wörter mithilfe der Abbildung (S. 38) ein. Schreiben Sie dann die Frage: Was hast du an? und die Antwort: Ich habe eine Jacke an. Ich habe einen Pulli an. an die Tafel. Wiederholen Sie die Satzstellung (Verb = Position 2). Neu ist hier, dass an|haben ein trennbares Verb ist. Bei trennbaren Verben steht das gebeugte Verb an Position 2, das Präfix am Satzende. Verdeutlichen Sie dies, indem Sie eine Klammer anzeichnen:

Was hast du an? Ich habe eine Jacke an.

Erklären Sie anschließend, dass an|haben wie essen, trinken, nehmen und möchten (vgl. Kapitel 4) funktioniert und dahinter ein**en** steht. Schreiben Sie bei Bedarf noch einmal die Tabelle an die Tafel und wiederholen Sie die Struktur.

Lassen Sie die Kleidung, **an|haben + Akkusativ** in Partnerarbeit üben. Die SuS fragen sich gegenseitig: Was hast du an? Ich habe … an. Anschließend können Sie ihren Partner/ihre Partnerin im Plenum beschreiben: Das ist … Er/Sie hat … an.

6 | Die Erde: Die Welt, Europa und Deutschland (▶ S. 44–51)

Thematische Schwerpunkte Kapitel 6: Die Erde

Das Thema Die Erde beschäftigt sich mit den verschiedenen Ländern und dem Aufbau unserer Erde. Es ist damit politisch und geografisch ausgerichtet.

Die Welt, Europa und Deutschland vermittelt Wortschatz rund um die Themen Kontinente, Europa und Sprachen. Die SuS lernen, Auskunft über die eigene Herkunft und die gesprochenen Sprachen zu geben.

Das Thema Die Erde setzt sich wie folgt durch die Hefte A–D fort:

Heft A	Heft B	Heft C	Heft D
die Kontinente die Länder und Sprachen Europas die Bundesländer Deutschlands bekannte Landschaften in Deutschland	Aufbau der Erde	Küsten und Gebirge – Entstehung von Landschaften	Klimazonen

Sprachliche Schwerpunkte Kapitel 6: Die Erde

Heft A	Heft B	Heft C	Heft D
W-Fragen (Woher …? Welche Sprache …?) einfacher Aussagesatz: Ich komme aus …; Ich spreche …	lokale Adverbien (hier, dort) Dativ + dazugehörige Präpositionen	Präteritum haben und sein Präteritum der Modalverben und der schwachen Verben	Passiv

Lernziele Kapitel 5, Heft A

Die Schülerinnen und Schüler verstehen:	Die Schülerinnen und Schüler können:
– die Kontinente, die Länder und Sprachen Europas – einfache Landschaftsbeschreibungen, die Gliederung Deutschlands in Bundesländer – einfache Dialoge zu Herkunft und Sprachen	– sagen, woher sie kommen und welche Sprache(n) sie sprechen

Die Erde: Die Welt, Europa und Deutschland (▶ S. 44–51) | 6

Unterrichtshinweise

Zentrale grammatikalische Inhalte: W-Fragen (Wo ... ? Woher ... ? Welche Sprache ... ?), Einfacher Aussagesatz (Ich komme aus ... Ich spreche ...)
Zentrale Redemittel: Kontinente, Länder und Sprachen Europas, Bundesländer Deutschlands

1. Kontinente

Für die Arbeit mit diesem Kapitel ist eine große Wandkarte der Welt von Vorteil. An der Wandkarte können Sie zeigen: Wir leben hier. (entsprechende Stadt, Deutschland, Europa zeigen).

Im Plenum werden dann bereits bekannte Namen der Kontinente gesammelt und an die Tafel geschrieben. Die SuS sehen dann gemeinsam die Abbildung im Arbeitsheft (S. 44) an und lesen die Sätze.

Fragen Sie dann: Wo ist Europa? Schreiben Sie die Frage an die Tafel. Wiederholen Sie die Satzstruktur (Verb = Position 2).

Anschließend kommt ein Schüler/eine Schülerin an die Karte und zeigt Europa. Wer an der Karte war, stellt die nächste Frage: Wo ist Afrika/Asien/Amerika ... ? Bis alle Kontinente erfragt und gezeigt wurden.

2. Europa: Länder und Sprachen

Sehen Sie gemeinsam Europa an und sammeln Sie die Ländernamen (auch die, die ggf. nicht im Heft beschriftet sind). Sie können dabei auch die Karte im Heftumschlag vorn verwenden.

Sie können hier auch weitere, außereuropäische Länder ergänzen, so dass alle Herkunftsländer der SuS bekannt sind.

Gehen Sie dann zu den Sprachen über und sammeln Sie alle bekannten Sprachen. Schreiben Sie diese an die Tafel und markieren Sie die typische Endung -isch.

3. W-Fragen, einfacher Aussagesatz

Erweitern Sie nun die Liste der bekannten W-Fragen um Woher kommst du? und Welche Sprache(n) sprichst du?

Trainieren Sie diese Strukturen. Die SuS können dazu im Raum herumlaufen und sich gegenseitig fragen: Woher kommst du? Welche Sprache(n) sprichst du? und antworten.

4. Deutschland – Bundesländer, Landschaften

Sehen Sie sich gemeinsam die Deutschlandkarte (S. 48) an. Klären Sie im Plenum, wo Sie wohnen (Stadt). Erklären Sie dann, dass Deutschland 16 Bundesländer hat. Notieren Sie ihr Bundesland an der Tafel.

Sehen Sie dann gemeinsam die Landschaftsbilder (S. 48) an. Zeigen Sie an der Karte, wo die Landschaften liegen. An dieser Stelle kann auch darüber gesprochen werden, in welchen Bundesländern, Städten und Landschaften die SuS schon einmal waren.

7 | Die Luft: Klänge und Töne (▶ S. 52–59)

Thematische Schwerpunkte Kapitel 7: Die Luft

Das Thema Die Luft greift verschiedene Phänomene auf, die im Zusammenhang mit der Luft stehen. Diese werden mal aus musikalischer, mal aus physikalischer Sicht betrachtet.

Klänge und Töne dient als Einführung in das Thema Musik (-Unterricht), Instrumente, Schule sowie in den Schüleralltag.

Das Thema Die Luft setzt sich wie folgt durch die Hefte A–D fort:

Heft A	Heft B	Heft C	Heft D
Musikunterricht, Musikinstrumente Alphabet, Aussprache Textaufbau (Überschrift, Absatz …)	der Schall Alltag: Versuch zum Schall Fachlich: Schallerzeugung, Schallausbreitung, Schallempfang	die Seifenblase Alltag: Versuch zur Seifenblase Fachlich: geometrische Formen	das Fluggerät Alltag: Versuch zum Fluggerät Fachlich: Flugfähigkeit

Sprachliche Schwerpunkte Kapitel 7: Die Luft

Heft A	Heft B	Heft C	Heft D
Alphabet + Aussprache Wörter-Silben-Laute	Imperativ Wechselpräpositionen (Akkusativ/Dativ)	Temporalsätze mit wenn, als, zu Personalpronomen Dativ	Relativsätze (Dativ)

Lernziele Kapitel 7, Heft A

Die Schülerinnen und Schüler verstehen:	Die Schülerinnen und Schüler können:
– Grundbegriffe zum Thema Musik – die Aussprache des Alphabets – den Textaufbau	– die Laute des Deutschen korrekt aussprechen – Buchstaben/Laute hören und schreiben – die verschiedenen Teile eines Textes benennen

Die Luft: Klänge und Töne (▶ S. 52–59) | 7

Unterrichtshinweise

Zentrale grammatikalische Inhalte: Alphabet + Aussprache, Wörter-Silben-Laute
Zentrale Redemittel: Musikunterricht, Instrumente, Textaufbau

Hörtipp
n36g8n

1. Alphabet und Aussprache

Die Aussprache ist ein wichtiger Teil der Sprache. Wenn die SuS sich in der Aussprache sicher fühlen, bauen sie eventuelle Sprechhemmungen ab. Nehmen Sie sich daher ausreichend Zeit, das Alphabet und die Laute zu hören und zu sprechen. Weisen Sie die SuS auch auf die Aussprache-Übersicht im Arbeitsheft (S. 68) hin. Sprechen Sie alle Beispielwörter vor und lassen Sie diese nachsprechen.

Sie können Aussprachetraining als regelmäßige Einheit in ihren Unterricht aufnehmen. Wählen Sie dazu nach und nach einen Teil der Laute (S. 68/69) aus und üben Sie diese gezielt.

Einzelne Wörter können Sie auch gut auf verschiedene Beats sprechen lassen. Eine Auswahl finden Sie unter dem oben angegebenen Online-Code.

2. Musikunterricht und Instrumente

Das inhaltliche Thema dieses Kapitels ist sehr anschaulich. Idealerweise machen Sie einen Ausflug in den Musikraum und zeigen die Instrumente – wenn die Musiklehrkraft Zeit hat, kann sie auch ein kurzes Lied mit den SuS einüben und die Instrumente vorspielen. Vielleicht spielen einzelne SuS ja auch ein Instrument?

3. Textaufbau

Der Textaufbau spielt im Deutsch- und Fremdsprachenunterricht häufig eine Rolle und ist auch im DaZ-Unterricht von Bedeutung. Sollen Texte vorgelesen werden, fallen oft Wörter wie Zeile, Strophe, Überschrift oder Satz.

Führen Sie die Textbegriffe mithilfe der Abbildung im Arbeitsheft (S. 56) ein. Übertragen Sie diese dann auf beliebige andere Texte. Ergänzen Sie wenn nötig weitere Begriffe.

Das Lied *Die Gedanken sind frei* dient hier vor allem zur Vermittlung der Textbegriffe. Sie können es aber auch mit den SuS singen.

8 | Die Technik: Zu Hause (▶ S. 60–67)

Thematische Schwerpunkte Kapitel 8: Die Technik

Das Thema Die Technik vermittelt Alltags- und Basiswissen aus dem mathematisch-technischen Bereich.

Zu Hause dient als Hinführung auf den übergeordneten Bereich Technik. Die SuS bekommen einen ersten sprachlichen Einblick in die Welt der Mathematik/Technik und lernen die wichtigsten mathematischen Grundbegriffe kennen.

Das Thema Die Technik setzt sich wie folgt durch die Hefte A–D fort:

Heft A	Heft B	Heft C	Heft D
Verabschiedung Grundrechenarten geometrische Formen	der Hebel: Küchengeräte und Werkzeuge	Kräfte in Aktion (Gewichtskraft, Auftrieb)	Reibung (Haft-, Roll-, Gleitreibung), Entwicklung Rad

Sprachliche Schwerpunkte Kapitel 8: Die Technik

Heft A	Heft B	Heft C	Heft D
einfacher Aussagesatz (Ich dividiere …) Wortstellung nach Zeitangaben (Implizit): (Dann multipliziere ich …, Danach subtrahiere ich …)	Perfekt: haben und sein + Partizip II starke Verben schwache Verben Hilfsverben Verben der Bewegung trennbare Verben, Verben mit Präfix	es bei unpersönlichen Verben deshalb	Plusquamperfekt

Lernziele Kapitel 2, Heft A

Die Schülerinnen und Schüler verstehen:	Die Schülerinnen und Schüler können:
– verschiedene Verabschiedungsformeln – einfache mathematische Aufgabenstellungen	– sich angemessen verabschieden (Person, Tageszeit) – die Grundrechenarten und geometrische Formen benennen

Die Technik: Zu Hause (▶ S. 60–67) | 8

Unterrichtshinweise

Zentrale grammatikalische Inhalte: Wortstellung nach Zeitangaben (implizit)
Zentrale Redemittel: Verabschiedung, Grundrechenarten, geometrische Formen

1. Wortstellung nach Zeitangaben

Die Wortstellung nach Zeitangaben wird hier – wie die anderen Grammatikthemen auch – implizit vermittelt und noch nicht benannt. Sie wird im Zusammenhang mit Rechenaufgaben eingeführt.

Wiederholen Sie zunächst die Wortstellung im einfachen Satz (Ich rechne die Aufgabe.). Verweisen Sie auf die Position des Verbes. Lesen Sie dann gemeinsam die Sätze aus Aufgabe 7 (S. 63). Klären Sie die Bedeutung der Wörter dann, danach, als Nächstes und zum Schluss.

Übernehmen Sie dann die Sätze an die Tafel. Achten Sie darauf, dass die Verben untereinander stehen. Zeigen Sie: auch hier steht das Verb an Position 2 (2. Satzgliedstelle). Stellen Sie die Sätze um:

Position 1	Position 2	Position 3
Ich	rechne	die Aufgabe.
Dann	multipliziere	ich 3 mit 4.
Ich	multipliziere	dann 3 mit 4.
Danach	subtrahiere	ich 5 von 12.
Ich	subtrahiere	dann 5 von 12.
Als nächstes	dividiere	ich 8 durch 2.
Ich	dividiere	als nächstes 8 durch 2.
Zum Schluss	addiere	ich 4 und 6.
Ich	addiere	zum Schluss 4 und 6.

Erklären Sie damit, dass die Teile vor und hinter dem Verb getauscht werden können, das Verb aber immer auf der Position 2 bleibt.

2. Grundrechenarten, geometrische Formen

Die Grundrechenarten stellen die Grundlage für die Mathematik und weitere Schulfächer dar und sind daher von großer Bedeutung. Die Begriffe sind über die Zeichen +, –, · und : relativ leicht verständlich. Schwieriger ist, dass es für jede Operation mehrere Ausdrucksweisen gibt (z. B. plus rechnen und addieren).

Erklären Sie Ihren SuS, dass die Ausdrücke dasselbe bezeichnen. Addieren, subtrahieren, dividieren und multiplizieren werden die SuS in geschrieben Aufgaben häufiger lesen. Im mündlichen Gebrauch werden sie dagegen auch auf die Ausdrücke plus rechnen, minus rechnen, mal rechnen und teilen durch stoßen.

3. Verabschiedung

Zum Abschluss des Heftes können Sie Verabschiedungsformeln, die schon in Kapitel 1 vorgestellt wurden, wiederholen und vertiefen. Heben Sie hier wieder hervor, welche Verabschiedungsformeln zu welcher Tageszeit passen und welche Personen man am besten wie verabschiedet (Höflichkeit).

Kopiervorlagen Heft A, Kapitel 1

Name: Klasse: Datum:

1 Schreibe wie im Beispiel und ordne die Tageszeiten zu.

der Morgen, der Mittag, der Nachmittag, der Abend, die Nacht

		Tageszeit/Tageszeiten
☐ ufA eideWreshen	Auf Wiedersehen	der Morgen, der Mittag, der Nachmittag, der Abend, die Nacht
☐ sBi säpter		
☐ sTchsüs		
☐ Gnuet orMgen		
☐ aoCi		
☐ eGutn gTa		
☐ utGen denAb		
☐ alolH		
☐ euGt chaNt		

3 Schreibe die Verbformen. Unterstreiche die Endungen.

schreiben	gehen	spielen	sagen
du schreibst			
			er/sie/es sagt
	ihr geht		

Mein Deutschheft A
Autorin: Veronika Rafelt

1 | Kopiervorlagen Heft A, Kapitel 1 | KV 2

Name: Klasse: Datum:

1 Suche und markiere die Verben. Schreibe dann Sätze. Was macht Aylin? Was mache ich?

schlafen, aufstehen, duschen, sich anziehen, frühstücken, träumen, lesen, lernen, aufwachen

R	O	Z	Ä	H	N	E	I	E	W	P	R	F	L	F	U	C
O	U	F	S	G	L	Z	K	W	L	X	P	N	E	J	B	E
W	C	A	B	E	N	D	B	R	O	T	B	F	R	R	V	S
X	M	B	F	B	J	H	P	N	M	J	D	Q	N	M	R	S
B	D	G	H	V	K	V	B	J	Q	B	U	S	E	S	Q	E
E	F	R	Ü	H	S	T	Ü	C	K	E	N	F	N	E	R	N
P	W	V	G	I	O	C	L	S	D	Z	E	H	S	G	U	B
W	M	E	X	U	N	S	A	U	F	W	A	C	H	E	N	E
V	X	T	B	C	N	N	U	F	X	H	I	X	M	M	K	P
C	Q	R	L	I	B	D	U	S	C	H	E	N	Y	H	L	E
P	X	Ä	H	H	N	S	G	A	L	X	Z	O	J	P	E	M
U	K	U	Q	S	C	H	L	A	F	E	N	D	U	F	S	F
T	H	M	R	S	I	G	H	U	O	M	Y	G	W	H	E	G
Z	G	E	H	H	A	U	F	S	T	E	H	E	N	C	N	S
E	V	N	W	D	X	P	H	B	L	R	L	T	I	I	H	T
N	R	Q	W	R	S	I	C	H	A	N	Z	I	E	H	E	N
P	Q	U	F	R	V	Q	G	A	O	F	J	G	R	V	S	Z

Aylin schläft. Aylin wacht auf. _____

_____

_____

Ich schlafe. _____

_____

_____

2 Welche Tätigkeit machst du zu welcher Tageszeit? Verbinde die Paare.

Mittag   Hausaufgaben machen

Nachmittag   Mittag essen

Morgen   schlafen

Abend   frühstücken

Nacht   lernen

Vormittag   Abend essen

1 Was ist das? Schreibe wie im Beispiel.

Das ist eine Tür.

Das ist die Tür.

_____

_____

2 Suche und markiere die Wörter. Schreibe die Wörter dann in die Tabelle.

sprichtlesehörtliestsprechehöreliestsprichsthörst

	hören	sprechen
ich lese		

3 Was ist das? Schreib wie im Beispiel.

Das ist _ein_ Schüler. Das ist _der_ Schüler.

Das ist _____ Stuhl. Das ist _____ Stuhl.

Das ist _____ Tafel. Das ist _____ Tafel.

Das ist _____ Fenster. Das ist _____ Fenster.

Das ist _____ Schrank. Das ist _____ Schrank.

1 Rechne die Aufgaben.

fünfzehn	–	vier	=	_elf_
drei	+	sechzehn	=	_____
_____	–	vierzehn	=	fünf
siebzehn	–	vier	=	_____
zehn	+	_____	=	achtzehn
drei	+	zwei	=	_____
neun	–	sieben	=	_____
dreizehn	+	fünf	=	_____

2 Schreibe wie im Beispiel.

Tag

Montag _____

Dienstag _____

_____ _____

_____ _____

_____ _____

Sonntag _Sonntag ist der siebte Tag der Woche._

3 vor und nach. Beantworte die Fragen.

Wie heißt der Monat vor April? _____

Wie heißt der Monat nach Mai? _____

Wie heißt der Monat nach November? _____

Wie heißt der Monat vor Oktober? _____

Wie heißt der Monat nach Januar? _____

4 | Kopiervorlagen Heft A, Kapitel 4

KV 5

Name: Klasse: Datum:

1 Ordne die Sätze.

_____ Gute Idee. Was möchtest du trinken?

_____ Nein, ich esse kein Fleisch. Ich nehme ein Käsebrötchen.

_1_ Ich habe Hunger.

_____ Dann gehen wir in die Cafeteria.

_____ Ich auch. Ich habe aber nichts zu essen mit.

_____ Ich trinke ein Mineralwasser. Möchtest du auch etwas essen?

_____ Ich nehme eine Schokomilch und du?

_____ Oh, ich hätte gern ein Wurstbrötchen. Du auch?

2 Was passt zusammen? Verbinde die Fragen und die Antworten.

Was ist dein Lieblingsessen?	Ja, ich habe Durst.
Was kostet das Käsebrötchen?	Ja, ich habe Hunger.
Möchtest du auch etwas essen?	Mein Lieblingsessen ist Lasagne.
Möchtest du auch etwas trinken?	Es kostet 1,50 Euro.

3 Magst du …? Schreibe Sätze.

Magst du Bananen?

☺ _Ja, ich mag Bananen._   ☺ _____   ☺ _____

☹ _Nein,_ _____   ☹ _____   ☹ _____

Bildquellen: li.: Thinkstock (Eivaisla), München; mi.: Thinkstock (Magone), München; re.: Thinkstock (Chris Warren), München

© Ernst Klett Verlag GmbH, Stuttgart 2016 | www.klett.de | Alle Rechte vorbehalten.
Von dieser Druckvorlage ist die Vervielfältigung für den eigenen Unterrichtsgebrauch gestattet. Die Kopiergebühren sind abgegolten.

Mein Deutschheft A
Autorin: Veronika Rafelt

5 Kopiervorlagen Heft A, Kapitel 5

KV 6

Name: Klasse: Datum:

1 Wie ist das Wetter? Schreibe Sätze.

 _____

 _____

 *Es ist windig.*

 _____

 _____

2 Suche die Wörter und markiere sie. Schreibe die Wörter dann auf.

blau, Nebel, Schnee, Regen, Wind, Sonne, rot, gelb, orange, schwarz, grün, braun, rosa, grau, Wolke

F	U	L	U	M	N	Y	W	E	I	S	S	U	Q	W	R	K
F	X	W	C	F	D	F	J	T	O	Q	L	H	O	O	O	N
G	N	J	I	V	P	J	B	Q	M	G	R	Ü	N	M	S	O
E	K	T	R	O	B	M	F	Z	J	S	P	J	T	V	A	M
L	P	S	V	R	K	X	O	I	S	O	N	N	E	C	I	D
B	X	S	R	A	D	N	H	M	N	E	R	M	G	V	W	B
Y	N	Q	B	N	I	E	V	B	J	T	R	E	G	E	N	V
K	D	G	G	V	B	C	L	E	U	B	T	Q	S	C	C	C
M	V	E	N	E	V	E	S	A	O	B	I	F	R	O	T	W
L	N	F	S	S	H	L	K	U	V	W	K	T	T	F	C	P
W	W	I	N	D	L	G	D	N	V	O	H	B	R	A	U	N
F	R	H	L	P	W	Y	C	U	W	L	T	Q	A	V	V	H
D	W	S	C	H	W	A	R	Z	W	K	F	H	T	O	T	M
W	W	T	Y	X	E	F	Q	H	D	E	R	G	R	A	U	X
S	C	H	N	E	E	K	D	E	G	O	J	O	V	N	I	W
H	D	L	T	X	E	S	H	I	M	M	E	L	Z	N	P	M
P	I	T	W	V	M	I	C	E	Q	Z	T	H	B	J	X	U

blau, der Nebel, _____

_____

6 Kopiervorlagen Heft A, Kapitel 6

Name: Klasse: Datum:

1 Ordne die Sätze und schreibe dann.

Woher kommst du?   _1_

In Slowenien spricht man Slowenisch.   _4_

Woher kommst du denn?   ___

Ich komme aus Polen.   ___

Was spricht man in Slowenien?   ___

In Polen spricht man Polnisch.   ___

Und welche Sprache spricht man dort?   ___

Ich komme aus Slowenien.   ___

Matjaž kommt aus Slowenien.

2 Welche Sprachen spricht Jonas? Schreibe.

England, Kroatien, Spanien, Italien, Bosnien-Herzegowina, Deutschland, Frankreich, Griechenland, Türkei

Jonas spricht

7 — Kopiervorlagen Heft A, Kapitel 7 — KV 8

Name: Klasse: Datum:

1 Was passt? Verbinde die Satzteile.

Die Lehrerin	Klavier, Schlagzeug und Gitarre.
Wir haben heute	Musik.
Einige Schüler singen	singt und spielt Klavier.
Viele Kinder spielen	um vier Musikunterricht.
Wir machen	eine Melodie und klatschen im Rhythmus.

2 Suche den passenden Laut. Schreibe dann mit Artikel und sprich die Wörter.

_____ule — Sch

_____berschrift

Z_____le

Bu_____stabe

S_____tz

Melod_____

T_____n

h_____te

_____ielen

ausspre_____en

_____unge

Z_____hne

Fu_____

_____ogel

_____unde

m_____chten

Lautbausteine: Sch, a, o, ch, eu, ie, sp, ei, ä, Z, V, Ü, ö, ß, St

die Schule _____

8 | Kopiervorlagen Heft A, Kapitel 8

KV 9

Name: Klasse: Datum:

1 Verabschiedungen: Wer sagt was? Ordne zu.

> Bis morgen, Tschüss, Mach's gut, Ciao, Auf Wiedersehen, ~~Bis später~~

_____ *Bis später* _____

_____ _____

_____ _____

2 Wir machen Mathe-Hausaufgaben. Schreibe wie im Beispiel.

5 + 2   *Ich addiere fünf und zwei.*   *Ich rechne fünf plus zwei.*

6 · 7   _____   _____

50 : 10 _____   _____

17 − 3 _____   _____

3 Zeichne die geometrischen Figuren.

Das ist ein Rechteck.   Das ist ein Kreis.

Das ist ein Zylinder.   Das ist ein Würfel.

Das ist ein Fünfeck.

1 Neue Wörter: Ein neuer Tag!

Name: Klasse: Datum:

Ein neuer Tag!	
neu	träumen
der Tag, -e	der Abend, -e
beginnen	die Nacht, ¨e
schlafen	verbinden
auf|stehen	gut
duschen	zusammen|gehören
der Zahn, ¨e	essen
putzen	lesen
an|ziehen	die Schule, -n
frühstücken	schreiben
ich	sein
du	die Eltern (Pl.)
er	die Mama, -s
sie (Sg.)	der Papa, -s
es	die Lehrerin, -nen
wir	der Busfahrer, –
ihr	der Freund, -e
sie (Pl.)	begrüßen
finden	verabschieden
das Wort, ¨er	das Bild, -er
schreiben	ansehen
in	hallo
die Tabelle, -en	spät
die Person, -en	ciao
zwei	das Wiedersehen
viele	markieren
machen	sagen
was	das Beispiel, -e
zu|ordnen	der Fußball, ¨e
der Morgen, –	das Plakat, -e
der Vormittag, -e	das Klassenzimmer, –
der Mittag, -e	aus|schneiden
der Nachmittag, -e	auf|kleben
spielen	

2 | Neue Wörter: Menschen in der Schule

Name: Klasse: Datum:

Menschen in der Schule	
wo	der Schrank, ¨-e
der Schulhof, ¨-e	der Computer, –
die Sporthalle, -n	der Weg, -e
das Lehrerzimmer, –	anschalten
das Sekretariat, -e	ausschalten
die Toilette, -n	öffnen
die Cafeteria, -en	schließen
der Hausmeister, –	anschreiben
die Schulleitung, -en	abwischen
die Hand, ¨-e	aufstehen
waschen	hinsetzen
die Pause, -en	das Heft
hier	sprechen
wie	hören
heißen	schreiben
für	lesen
das Zimmer, –	verbinden
die Halle, -n	der Sport, –
die Sekretärin, -nen	lernen
der Hof, ¨-e	ein|kreisen
die Klasse, -n	fragen
der Dialog, -e	antworten
Ach so!	zuordnen
denn	markieren
neu	ankreuzen
erst/e/r/s	unterstreichen
der Unterricht, -e	richtig
okay	falsch
danke	der Mann, ¨-er
der Stuhl, ¨-e	die Frau, -en
der Tisch, -e	zu Hause
die Tafel, -n	das Bild, -er
das Fenster, –	zeichnen
die Tür, -en	kennen

Mein Deutschheft A

3 Neue Wörter: Das Schuljahr

Name: Klasse: Datum:

Das Schuljahr	
das Jahr, -e	nach
der Monat, -e	das Schulfach, ¨er
die Jahreszeit, -en	die Biologie
der Januar, /	die Geschichte
der Februar, /	die Mathematik
der März, /	– Englisch
der April, /	die Physik
der Mai, /	die Kunst
der Juni, /	der Sport
der Juli, /	die Musik
der August, /	die Chemie
der September, /	die Geografie
der Oktober, /	ganz
der November, /	doof
der Dezember, /	die Zahl, -en
der Frühling, -e	null
der Sommer, –	eins, erster, erste, erstes
der Herbst, -e	zwei, zweiter, zweite, zweites
der Winter, –	drei, dritter, dritte, drittes
die Ferien (Pl.)	vier, vierter, vierte, viertes
nächste	fünf, fünfter, fünfte, fünftes
die Woche, -n	sechs, sechster, sechste, sechstes
die Sommerferien (Pl.)	sieben, siebter, siebte, siebtes
die Herbstferien (Pl.)	acht, achter, achte, achtes
die Weihnachtsferien (Pl.)	neun, neunter, neunte, neuntes
die Winterferien (Pl.)	zehn, zehnter, zehnte, zehntes
die Osterferien (Pl.)	elf, elfter, elfte, elftes
wann	zwölf, zwölfter, zwölfte, zwölftes
das Wochenende, -n	dreizehn, dreizehnter, dreizehnte, dreizehntes
heute	vierzehn, vierzehnter, vierzehnte, vierzehntes
der Fußball, ¨e	fünfzehn, fünfzehnter, fünfzehnte, fünfzehntes
spielen	sechzehn, sechzehnter, sechzehnte, sechzehntes
morgen	siebzehn, siebzehnter, siebzehnte, siebzehntes
schade	achtzehn, achtzehnter, achtzehnte, achtzehntes
nichts	neunzehn, neunzehnter, neunzehnte, neunzehntes
etwas vorhaben	rechnen
super	das Rennen, –
treffen	der Stundenplan, ¨e
das Eiscafé, -s	die Stunde, -n
die Idee, -n	der Punkt, -e
vor	weiter|gehen

4 | Neue Wörter: Die große Pause

Name: Klasse: Datum:

Die große Pause	
haben	nehmen
der Hunger, –	kein
möchten	zwanzig
essen	dreißig
das Brötchen, –	vierzig
die Banane, -n	fünfzig
die Schokolade, -n	sechzig
Oje! (Ausruf)	siebzig
der Apfel, ¨	achtzig
der Saft, ¨e	neunzig
der Kuchen, –	einhundert
der Joghurt, -s	auch
der Kaffee, -s	lecker
die Wurst, ¨e	mit|haben
die Milch, –	nichts
die Gurke, -n	spielen
die Tomate, -n	– Tischtennis
das Brot, -e	die Pizza, die Pizzen
das Mineralwasser, –	die Spaghetti (Pl.)
das Essen, /	Lieblings-
das Fleisch, /	Bratkartoffeln (Pl.)
trinken	viel
gerne	das Hobby, -s
wie	süß
heißen	der Kuchen, –
für	die Apfelschorle, -n
das Käsebrötchen, –	die Information, -en
das Wurstbrötchen, –	zusammen|passen
der Käse, –	das Gegenteil, -e
das Ei, -er	der Durst, /
der Euro, -s	
der Cent, -s	
kosten	

Mein Deutschheft A

5 | Neue Wörter: Es regnet!

Name:　　　　　　　　　　　Klasse:　　　　　　　　　　　Datum:

Es regnet!	
regnen	die Mütze, -n
nass	die Hose, -n
das Wetter, /	die Socke, -n
der Schnee, /	der Schal, -s
schneien	an|haben
kalt	das Kleidungsstück, -e
die Sonne, -n	die Farbe, -n
scheinen	gelb
warm	orange
die Wolke, -n	rot
wolkig	blau
der Nebel, –	grün
neblig	grau
der Wind, -e	weiß
windig	rosa
das Wortgitter	braun
der Kopf, ¨e	schwarz
das Gesicht, -er	der Himmel, –
das Auge, -n	
das Ohr, -en	
die Nase, -n	
der Mund, ¨er	
der Hals, ¨e	
der Bauch, ¨e	
der Arm, -e	
das Bein, -e	
die Hand, ¨e	
der Fuß, ¨e	
das T-Shirt, -s	
der Pullover, –	
die Jacke, -n	

Neue Wörter: Die Welt, Europa und Deutschland

Name:　　　　　　　　　　　　　Klasse:　　　　　　　　　　　　　Datum:

Die Welt, Europa und Deutschland	
die Welt	das Meer, -e
der Kontinent, -e	der Norden
leben	die Zugspitze
Europa	das Bundesland, ¨er
Afrika	die Landschaft, -en
Amerika	die Ostsee
Asien	Berlin
Australien	die Hauptstadt, ¨e
Antarktis	woher
Nordpol	der Berg, -e
Südpol	hoch, am höchsten
Südamerika	das Elbsandsteingebirge
Nordamerika	liegen (in)
das Land, ¨er	beschriften
kommen	
die Sprache, -n	
Deutsch	
Französisch	
Spanisch	
Englisch	
Portugiesisch	
Slowenisch	
Kroatisch	
Bosnisch	
Griechisch	
Türkisch	
welche	
sprechen	

7 | Neue Wörter: Klänge und Töne

Name: Klasse: Datum:

Klänge und Töne	
die Musik, -en	
das Klavier, -e	
spielen	
die Gitarre, -n	
das Schlagzeug, -e	
das Keyboard, -s	
der Ton, ¨-e	
laut	
singen	
tanzen	
klatschen	
klopfen	
der Rhythmus, die Rhythmen	
das Lied, -er	
die Melodie, -en	
der Zahn, ¨-e	
die Zunge, -n	
das Alphabet, -e	
die Aussprache, -n	
aus|sprechen	
buchstabieren	
der Zungenbrecher, –	
das Blaukraut, /	
das Brautkleid, -er	
der Knödel, –	
der Kloß, ¨-e	
der Klops, -e	
sich freuen	
der Text, -e	
der Satz, ¨-e	
das Wort, ¨-er	
der Buchstabe, -n	
die Überschrift, -en	
die Zeile, -n	

Neue Wörter: Zu Hause

Name: Klasse: Datum:

Zu Hause	
der Weg, -e	
der Heimweg, -e	
zu Hause	
Tschüss.	
Mach's gut.	
morgen	
das Wiedersehen	
die Hausaufgabe, -n	
machen	
der Taschenrechner, –	
rechnen	
addieren	
plus	
subtrahieren von	
minus	
multiplizieren mit	
mal	
dividieren durch	
teilen durch	
der Würfel, –	
der Quader, –	
die Kugel, -n	
das Rechteck, -e	
das Quadrat, -e	
das Viereck, -e	
der Kreis, -e	
das Dreieck, -e	

Mein Deutschheft A

Liste der Operatoren

Operator	Beispiel	Erklärung
Ergänze …	Lückentexte – Wörter/Endungen/Satzteile … W-Fragen	Schreibe die Wörter oder die Wortteile in die Lücken.
Löse …	Kreuzworträtsel	Schreibe die Wörter in das Rätsel.
Kreuze … an	richtig/falsch-Aufgaben	☐ falsch ☒ richtig
Markiere …	Subjekte Prädikate wichtige Wörter Fachwörter	
Ordne …	Dialogteile Satzbausteine Textbausteine Wörter	Bringe die Wörter oder die Sätze in die richtige Reihenfolge.
Schreibe …	Sätze Wörter Texte Antworten auf Fragen Fragen zu Antworten Zahlwörter zu Nummern	
Sprich …	Wörter Sätze	
Suche …	Wörter	Versuche, die Wörter zu finden.
Verbinde …	Wörter mit Bildern Wörter mit Artikeln Satzteile miteinander Fragen mit Antworten Synonyme miteinander …	das Buch
Setze … ein	Wörter Zahlen	Schreibe die Wörter in die Lücken.
Ordne zu	Wörter zu Bildern Artikel zu Wörtern Gegenteile	der / die / das → Tag

Illustrationen: Inge Voets, Berlin

Liste der Operatoren

Operator	Beispiel	Erklärung
Zeichne …	ein Bild	
Beschrifte …	ein Bild	Schreibe die Wörter an das Bild.
Beantworte …	eine Frage	Schreibe die Antwort zu einer Frage.
Lies …	einen Text Wörter Sätze einen Dialog	
Präsentiere …	ein Plakat	Zeige und erkläre dein Plakat.
Hör …	einen Text Wörter	
Kreise ein …	Wörter	
Buchstabiere …	Wörter	Sprich das Wort Buchstabe für Buchstabe: B – U – C – H
Frage		
Antworte …	auf eine Frage	

Checkliste zu den Kapiteln

Kapitel		Grammatik und Wörter	✓	
1	Ich, du – wir Ein neuer Tag	– Ich kenne die Personalpronomen ich, du, er, sie, es, wir, ihr, sie. – Ich kenne den Tag und die Tageszeiten. – Ich kann Menschen begrüßen und verabschieden. – Ich kenne die Verben gehen, schreiben, sagen und spielen.		Gehe zu Kapitel 2, Seite 12.
2	Der Mensch – damals und heute Menschen in der Schule	– Ich kenne die Schulzimmer. – Ich kenne die Gegenstände im Klassenzimmer. – Ich kann die Aufgaben verstehen.		Gehe zu Kapitel 3, Seite 20.
3	Die Zeit und der Raum Das Schuljahr	– Ich kenne die Monate und die Jahreszeiten. – Ich kenne die Schulferien. – Ich kenne die Schulfächer. – Ich kenne die Zahlen und die Ordnungszahlen 0–19.		Gehe zu Kapitel 4, Seite 28.
4	Das Feuer Die große Pause	– Ich kenne das Essen. – Ich kann sagen, was ich mag und was ich nicht mag. – Ich kann in der Cafeteria einkaufen. – Ich kenne die Artikel der, die und das.		Gehe zu Kapitel 5, Seite 36.
5	Das Wasser Es regnet!	– Ich kann sagen, wie das Wetter ist. – Ich kenne die Körperteile. – Ich kenne die Kleidungsstücke. – Ich kenne die Farben.		Gehe zu Kapitel 6, Seite 44.
6	Die Erde Die Welt, Europa und Deutschland	– Ich kenne die Kontinente. – Ich kenne die Länder in Europa. – Ich kenne die Bundesländer in Deutschland. – Ich kenne die Sprachen.		Gehe zu Kapitel 7 Seite 52.
7	Die Luft Klänge und Töne	– Ich kenne Musikinstrumente. – Ich kann das Alphabet aussprechen. – Ich kenne die Teile von einem Text.		Gehe zu Kapitel 8, Seite 60.
8	Die Technik Zu Hause	– Ich kann Menschen verabschieden. – Ich kenne die Rechenarten. – Ich kenne geometrische Formen.		Mache weiter mit Heft C.

Liste der Hörtexte Heft A

Track-Nr.	Code	Seite	
1	k2c5qq	4	Aylins Tag beginnt
2	a3m57n	4	Ich, du, wir
3	x9ne75	6	Der Tag
4	m6gq84	8	Wer ist wer?
5	im45am	13	Ich suche mein Klassenzimmer
6	n26xy4	14	Was ist das?
7	33t3z8	22	Die Woche
8	4su5hc	24	Wie heißen die Zahlen?
9	6be6x8	30	In der Cafeteria
10	4wq8vj	33	Mein Lieblingsessen
11	pb928v	36	Wie ist das Wetter?
12	vt79cf	46	Verschiedene Sprachen
13	h2bw5g	54	Das Alphabet
14	wk28d6	54	Wie spricht man das aus?
15	7qd3gf	55	Buchstabieren
16	8qa74p	55	Zungenbrecher
17	qu66m3	55	Welches Wort hörst du?
18	ty7k57	58	Buchstaben und Laute
19	e7y26k	58	Buchstabierübung
20	v58f7h	62	Mathematik – Wie viel macht das?